Tim Otte

Traditionelle Waffen der chinesischen Kampfkunst

Bibliografische Information der Deutschen Nationalbibliothek:

Die Deutsche Nationalbibliothek verzeichnet diese Publikation in der Deutschen Nationalbibliografie; detaillierte bibliografische Daten sind im Internet über http://dnb.dnb.de abrufbar.

© 2023 Tim Otte

Text und Cover: Tim Otte

Herstellung und Verlag: BoD – Books on Demand, Norderstedt

ISBN: 9-783741-261947

Vorwort

Dieses Buch soll einen Überblick der typischen Techniken und Anwendungsmerkmale verschiedener Waffen im traditionellen *Gong Fu* vermitteln.
Durch Kenntnis der spezifischen Merkmale dieser Waffen kann zum Beispiel die kompetente Bewertung auf traditionellen *Gong Fu* Turnieren verbessert werden.
Aufgrund der Vielzahl von Variationen und Abwandlungen können hier sicher nicht alle Waffen aufgelistet werden, daher kann sich dieses Buch nur auf die gängigsten und bekanntesten Waffen beschränken.
Mit dieser Grundlage sollte es jedoch einfacher sein, auch modifizierte Variationen und deren sinnvollen Einsatz bewerten zu können.
Mein Dank gilt den vielen befreundeten Meistern verschiedenster Stile, die dieses Buch durch ihr Wissen ergänzt haben.
Besonders danke ich meinem Bruder Yu Bin, der mich zu allen Tageszeiten mit Übersetzungen und Details unterstützt hat.

Letztendlich kann nur ein reger Austausch untereinander und die Bereitschaft, cineastische Effekthascherei von anwendbarer Technik zu trennen, die großartige Vielfalt chinesischer Waffentechniken erhalten.

Shifu Tim Otte

Februar 2023

Inhalt:

1. Chinesische Waffen allgemein	5
1.1 Militärwaffen	6
1.2 Alltagswerkzeuge: Bauern- und Jagdwaffen	7
1.3 „Fremde" Waffen im *Gong Fu*	8
2. Beschaffenheit von Waffen bei TKV-Turnieren	9
2.1 Bewertungskriterien bei TKV-Turnieren	10
3. Langwaffen (*chang bing*)	11
3.1 Hellebarden (Schaftsäbel)	24
4. Kurzwaffen (*duan bing*)	33
4.1 Chinesische Schwerter	67
5. Flexible oder weiche Waffen (*ruan bing*)	75
6. „Fremde Waffen"	84
7. Japanisches *katana* oder chinesisches *jian*?	89
8. Legende, Mythologie und Familienformen	91
Quellennachweise	95

1. Chinesische Waffen allgemein

In China haben sich genau wie in anderen Ländern im Laufe der menschlichen Entwicklung die verschiedensten Waffentypen entwickelt.

Die entscheidenden Faktoren waren dabei immer Ressourcen (in erster Linie Metall), Entwicklungsstand der Schmiedekunst/Metallverarbeitung und Art der Kriegsführung (Heeresstärke, Kriegsstrategie).

Waffen wurden im *Gong Fu* in der Regel in ein bereits existierendes, waffenloses System integriert, d.h. neben der Art der verwendeten Waffen wurde ihr Einsatz an die Prinzipien und Beinarbeit des Systems angepasst.

Daher gibt es Systeme, die nur einige „passende" Waffen verwenden oder sich verstärkt auf diese wenigen Waffen spezialisiert haben.

Neben der Einteilung in Lang-, Kurz- und flexible Waffen, wie sie z.B. auf Turnieren verwendet wird, werden in diesem Buch noch weitere Einteilungen in Militärwaffen, Alltagswerkzeuge und „fremde" Waffen verwendet, die Auskunft über Entstehung und Vorkommen dieser Waffen geben sollen.

Weiterhin wird gelegentlich noch die Kategorie der „geheimen Waffen" wie Wurfpfeile, Reizpunktnagel etc. verwendet, die für dieses Buch jedoch nicht relevant ist.

1.1 Militärwaffen

Die häufigsten „echten" Armeewaffen waren Speer und Säbel. Neben der Herstellung war die Vermittlung grundlegender Techniken mit diesen Waffen relativ einfach. Eine weitere Gattung der Militärwaffen sind die Schaftsäbel (Hellebarden).

Schwerter waren schon früh nur den höherrangigen Militärs gestattet und eher selten, da alleine die Herstellung eines Schwertes einen erheblichen Aufwand bedeutete. Obwohl sich die traditionellen chinesischen Waffen den Strategien der Kriegsführung durch leichte Variationen in den verschiedenen Epochen immer wieder angepasst haben, bildeten sie neben Armbrust und Bogen lange den Großteil der eingesetzten Militärwaffen.
Auch wenn Schwarzpulver in China schon sehr früh bekannt war, verlor der Einsatz traditioneller Waffen erst durch den verstärkten Kontakt mit westlichen Feuerwaffen zu Beginn des zwanzigsten Jahrhunderts für die chinesische Kriegsführung an Bedeutung.

Aufgrund dieser Verzögerung, also einer „waffentechnischen Spätentwicklung" in China, ist die Kenntnis vom Umgang mit diesen Blankwaffen in Gegensatz zur westlichen Kultur noch zum großen Teil bekannt und ist noch heute wichtiges Element der chinesischen Kampfkunst und Kultur.

1.2 Alltagswerkzeuge: Bauern- und Jagdwaffen

Neben Verteidigungstechniken mit einfachen Alltagsgegenständen wie Holzbank, Fächer oder Gehstock, wurden auch Werkzeuge und Jagdwaffen im Krieg oder z.B. zur Verteidigung gegen Räuber und japanische Piraten eingesetzt. Bei der Rekrutierung von Bauernarmeen ist es naheliegend, dass diese ihre eigenen Werkzeuge zum Kampf mitbrachten, mit deren Umgang sie durch die Arbeit vertraut waren. Einige dieser „Bauernwaffen" wurden entweder für den Kriegseinsatz modifiziert oder fast unverändert als militärische Waffen übernommen.

Beispiele für diese Waffen sind z.B. *lian* (Sichel), *guai* (Griff einer Sense, bzw. oberer Teil einer Krücke), *er ji gun* (oberer Teil eines Dreschflegels), Dreschflegel, Tigergabel, Mönchspaten und Harken.

1.3 „Fremde" Waffen im *Gong Fu*

Gelegentlich finden sich in einigen *Gong Fu* Stilen Waffen, die nicht aus dem chinesischen Kulturkreis stammen. Aufschluss über ihren Weg in die chinesische Kampfkunst gibt hier z.B. Kai Filipiak in seinem Buch „Die chinesische Kampfkunst- Spiegel und Element traditioneller chinesischer Kultur":

„Japanische Waffen waren schon in der Song-Zeit in China bekannt. Während der Ming-Zeit erhielten verschiedene Kaiser japanische Tributgeschenke in Form von Waffen. ….Japanische Waffen wurden in China auf Grund ihrer hervorragenden Qualität sehr geschätzt."

Ausgehend von der Überlegung, dass eine hochwertige Waffe die Verteidigungsmöglichkeiten erheblich verbesserte, wurde sicher auch der Umgang mit solchen Geschenken und im Kampf erbeuteten Waffen trainiert.

Beispiele für solche Waffen, die sich in verschiedenen *Gong Fu* Stilen finden, sind z.B. *sai*-Gabel und japanisches *katana*. Gelegentlich gibt es auch Formen, in denen europäische Säbel verwendet werden.
Diese sind wahrscheinlich im Zusammenhang mit Beutewaffen zur Zeit der Boxeraufstände entstanden.

2. Beschaffenheit von Waffen bei TKV-Turnieren

Grundsätzlich sollten Waffen in Beschaffenheit und Gewicht einer echten Waffe zumindest annähernd entsprechen.

Gewicht:

Das Gewicht sollte dem einer echten Waffe nahekommen und das Körpergewicht des Starters dazu in Relation stehen. In den Kinderklassen können entsprechend leichtere Waffen verwendet werden.

Länge (Richtwerte! – können je nach Stil variieren):

Die Waffenlänge sollte an den Starter angepasst sein. In Ausgangsposition z.B.:

- Säbel ca. Unterkante Ohr
- Schwert ca. Oberkante Ohr
- Zweihandschwert ca. eine Handbreit über Kopf oder mehr
- Langstock mind. Körperlänge
- Speer über Körperlänge

Sicherheit:

Die Waffe muss bei Demonstrationsbeginn in einwandfreiem Zustand sein. Alle Bestandteile der Waffe müssen sicher miteinander verbunden sein, sodass sie weder Zuschauer noch Teilnehmer verletzen können! Die Verantwortung für den Zustand der Waffe obliegt grundsätzlich dem Teilnehmer/Starter!

2.1 Bewertungskriterien bei TKV-Turnieren

In den Waffenformen-Kategorien auf traditionellen *Gong Fu* Turnieren des TKV werden Kampfanwendungen, bzw. deren Techniktraining von chinesischen Waffen demonstriert.
Die Techniken müssen glaubwürdig (anwendbar) sein und sich nach der Beschaffenheit der Waffe richten.
Bei Vorführung mit einer Stichwaffe müssen daher die Stichangriffe überwiegen, wogegen z.B. mit einem Säbel als Hiebwaffe der Anteil an Hieben überwiegen muss.

Als gute Schiedsrichter müssen wir erkennen, was sinnvoll und glaubwürdig ist und was der Phantasie entspringt. Bei Partnerformen müssen wir den Mut aufbringen, unrealistische Waffenpaarungen wie z.B. Speer gegen Dolch als Unfug zu entlarven und entsprechend niedrig zu bewerten.
In einer Zeit, in der Projektil abwehrende Laserschwerter über die Kinoleinwände flimmern und immer neue Waffen und Kampfsysteme scheinbar aus dem Nichts auftauchen, ein schwieriges Unterfangen!

Besonders bei den Partnerformen sollte sich ein Schiedsrichter gedanklich immer in die Situation der Vorführenden versetzen und sich die Frage stellen, ob eine Verteidigung mit genau dieser Waffe gegen die Waffe des Gegners überhaupt möglich wäre!

3. Langwaffen (*chang bing*)

Als Langwaffen gelten diejenigen Waffen, die einen langen Schaft aufweisen, vorwiegend beidhändig geführt werden und starr sind.

Mongolische Rüstung mit Langwaffen

-Langstock (*gun*)

Shifu Yu Bin, Wan Fu Qingdao, VR China

Der Langstock wird im *Gong Fu* häufig als Ursprung aller Waffen bezeichnet und soll sich aus dem Wanderstab der Shaolin entwickelt haben.

Grundsätzlich kann man aber davon ausgehen, dass der Stock eine der ersten Waffen der gesamten Menschheit überhaupt war.
Stangenwaffen und entsprechende Techniken hat es in der gesamten Welt schon lange vor der Entstehung *Shaolins* gegeben. Dass Mönche in China vermehrt mit dem Langstock zur Verteidigung geübt haben, ist jedoch absolut nachvollziehbar und gilt als bewiesen, daher nimmt der Langstock im *Gong Fu* einen hohen Stellenwert ein und ist als Basiswaffe in nahezu allen Stilen vertreten.

In den meisten Stilen wird heute ein Stock verwendet, der annähernd der Körpergröße entspricht, bzw. geringfügig länger ist.
In einigen Stilen wird außerdem mit einem deutlich längeren und schwereren Stock trainiert.
Dieser *da bang* wurde bereits in der Ming-Zeit vom Militär verwendet.

Während die Südstile fast ausschließlich schwere, stabile Stöcke verwenden, kommen heute in den Nordstilen überwiegend dünnere, flexible Stöcke aus chinesischer Esche zum Einsatz, die sich aufgrund des natürlichen Wachstums zur Spitze hin verjüngen.
Bei schweren Stöcken wird überwiegend mit kraftvollen Schlägen, Stößen und einfachen Blöcken gearbeitet.
Da Schläge mit dem weichen Holz der nördlichen Stöcke an Effektivität verlieren und die Gefahr des Brechens besteht, kommt es in diesen Stilen vermehrt zu Stichen und ableitenden Techniken.
Daher ist der nördliche Stock meist deutlich schneller, der südliche Stock dagegen jedoch sehr viel kraftvoller.

-Speer (*qiang*)

Shifu Tim Otte, Wan Fu Gong Fu Schule

Der Speer wird im *Gong Fu* oft als „Kaiser" der Waffen bezeichnet.
Aufgrund seiner hohen Verbreitung im Militär, die sich durch alle Dynastien zieht, sollte er jedoch eher zu den Basiswaffen gezählt werden. Hier ist zwischen dem militärischen Einsatz mit wenigen einfachen Stichtechniken und seiner umfangreichen Weiterentwicklung in den verschiedenen *Gong Fu* Stilen zu unterscheiden.
Im schlichten, militärischen Bereich waren die Speerschäfte oft deutlich länger, da sie dazu dienten, über einen Wall oder die ersten Verteidigungsreihen hinweg Gegner gezielt anzugreifen.

Anm.: Man beachte die Länge der dargestellten Speere

Die Pike, als europäisches Pendant zum Langspeer, wurde zum Beispiel als erste Verteidigungslinie gegen die Kavallerie noch im Dreißigjährigen Krieg (1618-1648) in Europa eingesetzt.

Speerschäfte bestehen heute überwiegend aus chinesischer Esche, mit variierender Klingenform und -länge.
Gelegentlich werden jedoch auch Bambus oder harte Hölzer für den Schaft verwendet. Unter der Spitze ist ein Haarbüschel angebracht, welches früher das Blut des Gegners abfangen sollte. Obwohl es hier zwischen Nord- und Südstilen wie beim Stock leichte Unterschiede in Bezug auf Kraft und Geschwindigkeit gibt, sind die Prinzipien bei beiden Schulen gleich.

Die Stichtechniken überwiegen stark und die Spitze sollte immer flexibel und in Bewegung sein. Durch den Einsatz von Taille und Hüfte wird der Speerschaft häufig in wellenartige Bewegungen versetzt. Dieses „Schlängeln" des Speers erschwert das Blocken für den Gegner. Ableiten und schnelles Zustechen, Schläge (hacken) mit der Speerspitze zum Kopf des Gegners und weite Schnittbewegungen sind dabei charakteristische Speertechniken.

Bei Schnitten mit der Speerspitze ist unbedingt auf eine entsprechende Ausrichtung der Schneide in Schnittrichtung zu achten!
Auch das korrekt angebrachte Büschel Pferdehaar (meist rot gefärbt), welches Blut auf dem Speerschaft verhindern soll, kann als Bewertungskriterium herangezogen werden.

Häufig ist die Gesamtlänge des Speeres in den südlichen Stilen etwas geringer.

-Doppelkopfspeer (*shuang tou qiang*)

Der Doppelkopfspeer ist eine Erweiterung des normalen Speers.

Er besitzt an beiden Enden eine Speerspitze und das rote Büschel aus Pferdehaar als Blutstopper. Typische Speertechniken können mit beiden Enden ausgeführt werden.

Die Abmessungen des Shaolin-Doppelspeers werden folgendermaßen angegeben:

Speerlänge insgesamt: 5 *chi* 8 *cun*, Länge der Speerspitzen: 6 *cun* 8 *fen*

(1 *chi*: 33,333 cm – 1 *cun* 3,333 cm – 1 *fen* 0,333 cm)

Weitaus seltener ist hier eine Variante als Doppelwaffe. Diese sind vom Aufbau gleich jedoch deutlich kürzer und würden in die Kategorie der Kurzwaffen fallen.

-Tigergabel (*fu pa, dai pa*)

Sifu Hagen Bluck, Hung Kuen Karlsruhe

Die Tigergabel hat ihren Ursprung im Rechen bzw. der Mistgabel, welche von einfachen Bauern für ihre Feldarbeit benutzt wurden.
Um sich gegen Tiger und Leoparden verteidigen zu können, haben Bauern ihre Mistgabeln und Rechen umfunktioniert.
Nach und nach wurden der Rechen bzw. die Mistgabel weiter modifiziert. So wurde z. B. die Gabel mit drei Zacken versehen, wobei der mittlere Zacken verlängert wurde und die beiden äußeren Zacken in gebogener Form etwas breiter geschmiedet wurden.
Auf diese Weise konnte man mit der mittleren Spitze den Körper des Tigers durchbohren, während die beiden äußeren gebogenen Spitzen die Pranken der Raubtiere auf Abstand halten konnten.

Wong Fei Hung* konnte z.B. meisterhaft mit dieser Waffe umgehen.

Die Tigergabel ist eine sehr schwere Waffe und erfordert daher ein hohes Maß an Kraft. Durch den Umgang mit der *dai pa* werden somit der komplette Oberkörper und die Arme gestärkt.

Die Techniken der Tigergabel sind sehr vielseitig.
So können mit den Zacken gefährliche Stiche, kraftvolle Schläge aber auch Hebel ausgeführt werden.
Außerdem ist es möglich, die gegnerische Waffe mit den Spitzen zu blockieren. Mit dem massiven Stabende können kraftvolle Schläge und Stöße ausgeführt werden.

* chin. Volksheld und Kampfkünstler 1847-1925

-Mönchsspaten (*shaolin chan, yue ye chan*)

Sifu Andy Jobst, Nam Wah Pai Germany

Der Mönchspaten ist, wie der Name besagt, ein landwirtschaftliches Gerät, das durch die *Shaolin*-Mönche berühmt wurde.
An der Oberseite befindet sich ein Spatenblatt mit seitlichen Ringen, an der Unterseite befindet sich eine halbmondförmige Schneide zum Abhacken von Wurzeln und Zweigen.
Neben Schlägen mit dem Spatenblatt können auch Stoßangriffe mit der sichelförmigen Unterseite ausgeführt werden. Manche, traditionelle Formen, beinhalten auch Bewegungen wie Graben oder Wurzeln abstechen.

-Halbmondlanze (*ji*)

ma ji   *fang tian hua ji*

Bei den Halbmondlanzen handelt es sich um modifizierte Speere. Hierbei gibt es diverse Versionen mit einem oder mit zwei seitlichen Klingen oder anderen Modifikationen.

Aufgrund der vielen Stichbewegungen, die mit dieser Waffe ausgeführt werden, sollte wie beim einfachen Speer unter der Klinge Pferdehaar angebracht sein. Somit wird auch hier ein Verkleben des Speerschaftes durch Blut verhindert.
Da mit den Halbmondklingen auch Schläge ausgeführt werden, ist ein flexibler Schaft bei Halbmondlanzen ungeeignet – der Lanzenstiel ist immer stabil.
Die ersten Waffen dieser Art existierten bereits in der Shang Dynastie (18. Jahrhundert bis ca. 11. Jahrhundert vor Christus) und waren überwiegend aus Messing gefertigt.

3.1 Hellebarden (Schaftsäbel)

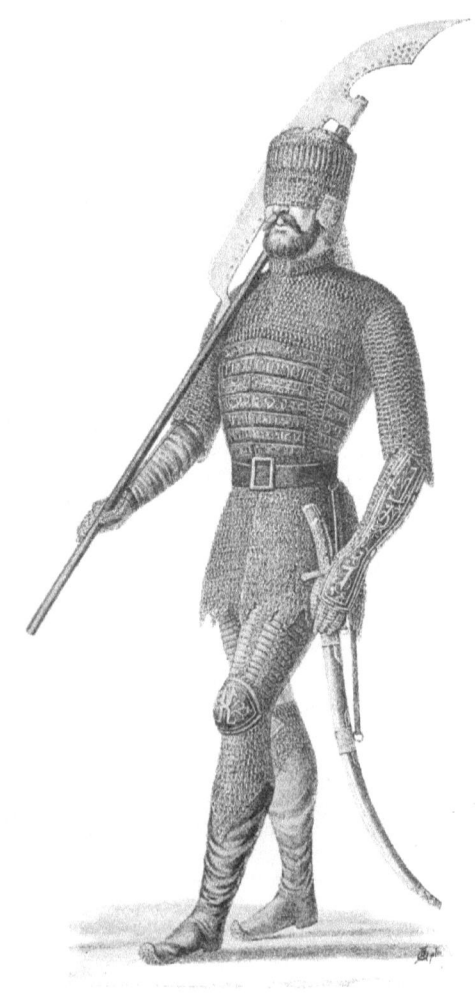

Mongolische Rüstung 14. Jahrhundert mit Hellebarde

Einen nicht unerheblichen Teil traditioneller chinesischer Waffen mit diversen Variationen bilden die Hellebarden oder Schaftsäbel.
Hierbei handelt es sich in der Regel um Säbel, deren Griffe verlängert wurden, um sie vom Pferd aus oder über Mauern oder Palisaden einzusetzen.

Die Lange Hellebarde (*pu dao*) oder das japanische n*aginata* sind entsprechende asiatische Beispiele, bei denen Säbel durch Verlängerung des Griffstückes zu einer Langwaffe umfunktioniert wurden.
Ein europäisches Pedant zu diesen Waffen bildet zum Beispiel die Glefe.
Weiterhin ermöglichte ein verlängertes Griffstück neben der Reichweite auch eine erhöhte Kraftentwicklung mit der Rüstung durchschlagen oder gar Pferde gestoppt werden konnten.

Genau wie das *da dao* wurde die kurze Hellebarde noch in den 30er Jahren im sino-japanischen Krieg verwendet

-Kurze Hellebarde (*zhan ma dao*)

Die kurze Hellebarde besitzt eine verhältnismäßig lange Klinge und im Vergleich zu anderen Hellebarden einen relativ kurzen Schaft.
Am unteren Ende des Schaftes ist ein Ring montiert.

Die kurze Hellebarde, oder auch „Pferde spaltende" Hellebarde, wurde häufig gegen Reiter eingesetzt.
Auf diese Weise konnten z.B. Bergpässe durch wenige Verteidiger gehalten werden, da die gestürzten Pferde ein Hindernis für die nachfolgenden Reiter bildeten.
Durch das ausgewogene Verhältnis von Klinge und Schaft konnte die Waffe sehr schnell geführt werden, um die gestürzten Reiter einfach und schnell auszuschalten.
Neben der Aufhängung in der Waffenkammer diente der Ring am unteren Enden zusätzlich zur Anbringung einer Handschlaufe.

Durch diese Schlaufe ging die Waffe beim Aufprall gegen ein herangaloppierendes Pferd nicht so leicht verloren.

Kurze Hellebarden werden im Vergleich zu den längeren Hellebarden sehr schnell geführt.
Haupttechniken sind, neben den typischen Blöcken, Hack- und Hiebtechniken.

-Lange Hellebarde (*pu dao*)

Shifu Julian Thomann, Wan Fu Hamburg

Bei den langen Hellebarden handelt es sich, wie bereits beschrieben, um die klassische Form des *da dao* mit verlängertem Griff (Schaft). Auf diese Weise konnten deren Einsatzmöglichkeiten stark erweitert werden. Diese wurden sowohl vom Pferd als auch zu Fuß geführt.

Bis auf wenige Ausnahmen bei manchen Stichen, wird die Hellebarde immer mit der Führhand direkt unter der Parierplatte gegriffen.

Leung Ting nennt in seinem Buch „Kwan Dao" die traditionellen Bezeichnungen für die Anteile der langen Hellebarde:

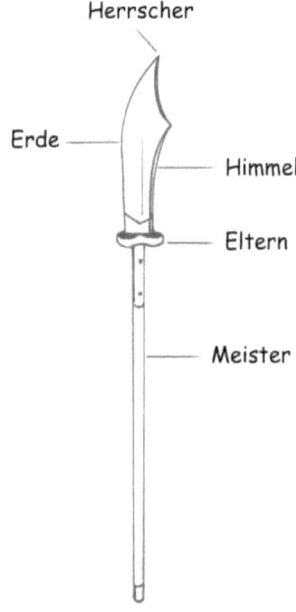

-Neun-Ringe-Hellebarde

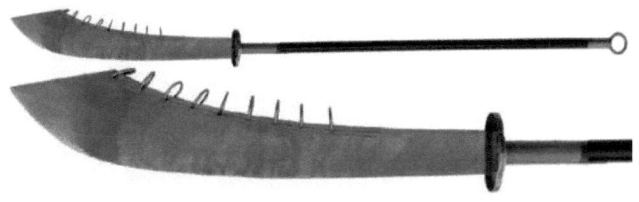

Eine einfache Hellebarde, die zusätzlich mit neun Ringen auf dem Klingenrücken versehen ist.
Das im Kampf entstehende „Rasseln" soll sowohl die Gegner verwirren, als auch zur Unterscheidung von „Freund und Feind" im Schlachtgewirr gedient haben. Außerdem verändern die schwingenden Ringe den Schwerpunkt der Waffe (s. auch 9-Ringe Säbel).

-Hellebarde von General Kwan (*guan dao*)

Jiaolian Felix Halbherr, Kung Fu Unlingen

Guan Yu, oder auch *Kwan Gong*, war ein berühmter General zur Zeit der streitenden Reiche. Seine Person steht in der chinesischen Mythologie für Mut und Rechtschaffenheit und er wird heute als Schutzpatron der Kampfkunst, Polizei (und Verbrecher) verehrt.

Das *guan dao* oder „Grüne-Drachen-Mondsichel-Hellebarde" (*qing long yan yue dao*) besitzt von allen Hellebarden die breiteste Klinge.
Zusätzlich ermöglicht die spezielle Klingenform verschiedene Techniken.
Neben den sägeartigen Zacken auf der Rückseite der Klinge ist ein Dorn ausgearbeitet, der problemlos in gegnerische Lederrüstungen eindringen konnte. Die so entstandene Vertiefung kann außerdem als Klingenfänger genutzt werden.
Typisch für diese Waffe ist der Übergang zwischen

Parierstange und Klinge in Form eines Drachenkopfes. An dem Dorn der Klinge ist gelegentlich ein Tessel angebracht, dessen Sinn für den Kampfeinsatz aber nicht von Belang ist.
Das *guan dao* besitzt am unteren Ende des Schaftes immer einen Dorn.

Der Roman: "Die Geschichte der drei Reiche", von *Luo Guanzhong* aus dem 14. Jahrhundert berichtet vom meisterlichen Umgang *Guan Yu's* mit dieser Waffe. In den offiziellen Chroniken über die Zeit der streitenden Reiche (169-280 n. Chr.) „Records of the three kingdoms" aus dem 3. Jahrhundert, auf dem der Roman beruht, sind jedoch keine Hinweise zu finden, dass General *Guan* diese Waffe benutzt hat.

Auch wenn der direkte Zusammenhang mit *Guan Yu* dort nicht nachgewiesen werden kann, belegt zumindest der Roman, dass diese Waffe bereits im 14. Jahrhundert weithin bekannt war.
In der Kampfkunst wird sie in jedem Fall *Guan Yu* zugeordnet.
Daher beginnen traditionelle Formen mit dem *guan dao* immer mit mindestens einer Handbewegung, die das Streichen durch den für *Guan Yu* typischen langen Bart darstellt.
Da der Klingenrücken im Gegensatz zu anderen Hellebarden effektive Modifikationen aufweist, beinhalten die Anwendungen mit dem *guan dao* neben den gängigen Techniken einer großen Hellebarde, zusätzliche Techniken mit dem Klingenfänger, dem Dorn und der Sägezacken.

4. Kurzwaffen (*duan bing*)

Kurzwaffen sind Waffen, die überwiegend einhändig oder zweihändig an einem relativ kurzen Griff geführt werden.

Grundsätzlich sind alle Doppelwaffen der Kategorie der Kurzwaffen zuzuordnen.

Da in der Regel auf Turnieren die Klassen für flexible Waffen aufgrund weniger Starter nicht eigenständig stattfinden, fallen die erlaubten flexiblen Waffen wie Kettenpeitsche und Schnurpfeil in die Kategorie der Kurzwaffen. Der Dreschflegel ist hingegen als Langwaffen einzuordnen.

-Dolch (*bi shou*)

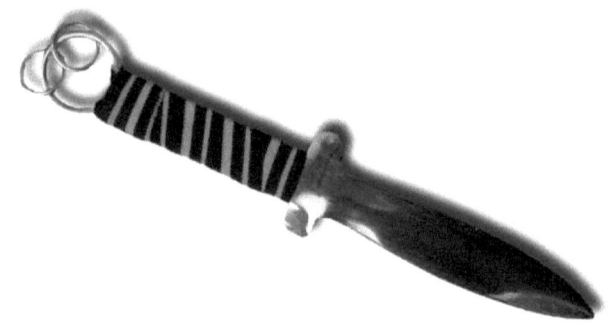

Im Gegensatz zum Messer mit einer Schneide, ist der chinesische Dolch beidseitig geschliffen.
Manchmal sind zusätzlich Ringe, Tücher oder beides am Ring des Dolches befestigt.
Bezüglich der Tücher gibt es in einigen Stilen die Erklärung, diese würden an die Zeit erinnern, in der dem Volk das Tragen von Waffen verboten war.
Damals wurden Waffen oft in geölte Tücher gewickelt und versteckt.
Durch die beidseitig geschliffene Klinge, ist bei den verschiedenen Angriffen kein Umgreifen der Waffe erforderlich.
In Südstilen ist der Anteil der Stichangriffe oft höher als bei den Nordstilen, in denen häufig mehr geschnitten wird. Dolche werden oft als Doppelwaffe vorgeführt (*shuang bi shou*).

-Säbel (*dao*)

Chinesische Leibgarde zur Zeit der Qing Dynastie

Der Säbel war nicht nur in China eine typische Militärwaffe. Er wurde bereits seit der Bronzezeit wegen seiner vergleichsweisen einfach zu erlernenden Handhabung häufig von Fußsoldaten eingesetzt.

Ein chinesisches Sprichwort sagt:

„Eine Woche für den Säbel, einen Monat für den Speer, und ein Jahr für das Schwert."

Die heute bekannte, gekrümmte Form leitet sich ursprünglich vom mongolischen Reitersäbel ab. Form und Größe der Säbel variierten in den verschiedenen Epochen Chinas häufig (siehe auch *da dao*).
In der Qing Dynastie zeigten Form und Farbe des Säbels zum Beispiel den Rang seines Trägers.

Auf historischen Abbildungen sind Säbel immer ohne Tücher, aber häufig mit Schlaufen, die zur Befestigung am Handgelenk dienten, abgebildet.
Diese wurden erst in jüngerer Zeit für Kampfkünste durch farbige Tücher ersetzt.
Die Klinge ist häufig mit einer oder mehreren Hohlbahnen versehen. Diese dienen jedoch nicht als „Blutrinnen", sondern reduzieren das Gewicht der Waffe und erhöhen gleichzeitig deren Stabilität.

Aufgrund seiner Verbreiterung zur Spitze hin, sind die Hauptangriffstechniken aller Säbel in erster Linie Hiebe. Je stärker die Klinge gebogen ist, desto mehr eignet sie sich zum Schneiden, aber desto weniger zum Stechen. Da der Klingenrücken stumpf ist, können

Blöcke durch Auflegen der zweiten Hand verstärkt werden oder der Klingenrücken zum Schutz bei Drehungen auf dem Körper geführt werden.

Ein chinesischer Leitsatz für den Umgang mit dem Säbel besagt:

„Der Körper bewegt sich unter dem Säbel hindurch."

Der „charakteristische" *Gong Fu* Säbel, der heute meist verwendet wird, ist der *niu wei dao* oder Ochsenschwanzsäbel.
Diese Form wurde noch nach Ende der Qing Dynastie häufig von Zivilisten verwendet.

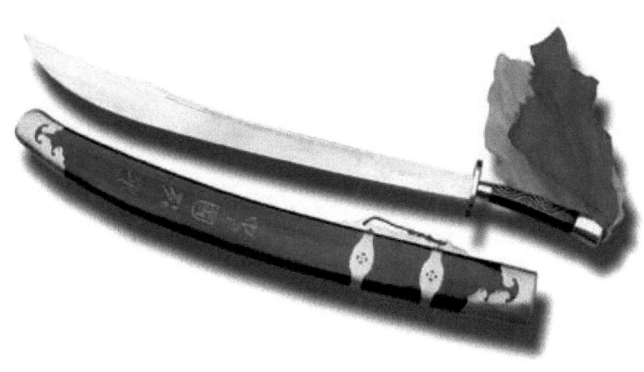

Säbel mit extrem flexibler Klinge, wie sie heute oft bei modernen Turnieren verwendet werden, hat es zu keiner Zeit im Kampf gegeben, da effektive Hiebe damit unmöglich sind.

Diese leichten Säbel sollen lediglich durch das „Knallen" der Klingen Effekte bei Vorführungen erzeugen und dienen dem Showeffekt.

Dies macht einen Unterschied zwischen traditionellen *Gong Fu* Turnieren und modernen *Wushu* Turnieren deutlich.
Während bei traditionellen Turnieren der sinnvolle Kampfeinsatz der Waffe und die Anwendbarkeit der spezifischen Techniken im Vordergrund stehen, geht es bei modernen Turnieren eher um den Gesamteindruck der Darbietung, bei der die Waffe ein Sportgerät ist.

Daher sind Säbel mit extrem flexibler Klinge grundsätzlich bei traditionellen TKV-Turnieren nicht zugelassen!

-Doppelsäbel (*shuang dao*)

Laoshi Thomas Rüth, Wan Fu Gong Fu Schule

Der Doppelsäbel besteht aus zwei Säbeln mit Halbgriffschalen, die in einer Scheide getragen werden können.

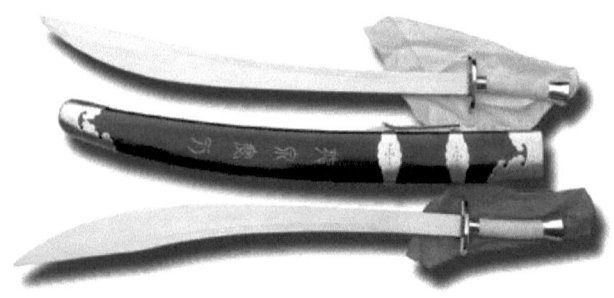

Da der Gegner bei dieser Bauweise nur einen Säbel in der Scheide sieht, war das Überraschungsmoment auf Seiten des Trägers.
Es soll einige bekannte Meister der Ming-Zeit (1368-1644) gegeben haben, die für ihren Umgang mit dem Doppelsäbel sehr berühmt waren.

Neben den typischen Säbeltechniken kann bei einem Block mit dem zweiten Säbel nahezu gleichzeitig angegriffen werden. Schnelle Drehbewegungen und Kreuzblöcke mit beiden Säbeln sind für diese Waffe typisch.

-Henkersbeil (*da dao, kan dao, zhan shou dao*)

Der heute oft als „Henkersbeil" bezeichnete Säbel ist das *da dao*, welches in dieser Form noch im sino-japanischen Krieg (1894-1895 und 1937-1945) in der chinesischen Armee verwendet wurde.

Neben Mauser und Granaten waren viele Soldaten noch bis in die 1930er Jahre für den Nahkampf mit dem *dao dao* ausgerüstet. Diese Waffe konnte in jeder einfachen Schmiede angefertigt werden und wurde teilweise aus abgerissenen Bahnschienen hergestellt.

Beim Zwischenfall an der Marco-Polo-Brücke (1937), gelang es den chinesischen Soldaten in einer Verzweiflungstat, die zahlenmäßig unterlegenen japanischen Truppen durch einen Ansturm von mit Säbeln bewaffneten Soldaten zurückzudrängen.

In Persien und im europäischen Mittelalter wurden eigens zur Enthauptung entsprechende Richtschwerter oder Säbel entwickelt, die sich durch ihre spezielle Form oder hohes Gewicht nicht gut zum Kampf eigneten.
So besitzen z.B. Richtschwerter aus dem europäischen Mittelalter eine abgerundete Spitze und sind auf dem Schwertblatt mit christlichen Sprüchen versehen.
Da der Henker zumindest in Europa außerhalb der Gesellschaft stand und der Umgang mit ihm Unheil verhieß, wurden weder er noch seine Waffe im Kampf eingesetzt.
Der komplizierte Zusammenhang zwischen Ausführung eines „Gottesurteils" und dem Glauben an sich war in China nicht gegeben und so ist es recht fraglich, ob ein rein für Hinrichtungen konzipierter Säbel dort so existiert hat.
Vielmehr liegt die Vermutung nahe, dass mit zunehmender Entwicklung modernen Kriegsgerätes das *da dao* seinen militärischen Nutzen verlor und nur noch überwiegend bei Hinrichtungen oder zur Verbreitung von Angst und Schrecken verwendet wurde.
Hierdurch würde sich schließlich eine umgangssprachliche Umbenennung dieser Waffe als „Henkersbeil" im Volk erklären.
Die kopflastige Klinge zeichnet diese Waffe als überwiegende Hackwaffe aus, die sowohl ein- als auch beidhändig geführt werden kann.

-Teufelskopf- oder Fischsäbel (*gui tou dao*)

Der Teufelskopf- oder Fischsäbel stellt eine weitere der vielen Varianten des Säbels dar.

Mit seinem speziell ausgeformten Rücken können gegnerische Waffe blockiert und z.B. Lederrüstungen durchschlagen werden.
Weiterhin kann der gezackte Rücken verheerende Verletzungen bewirken.
Aufgrund seiner Bauweise kann dieser Säbel nicht direkt am Körper geführt werden, da er sich durch die Modifikationen in der eigenen Kleidung verfangen könnte und der gezackte Rücken den Träger selbst verletzen würde.

Bewegungen mit dem Teufelskopf-Säbel werden also nicht so nah am eigenen Körper, wie bei Säbeln mit glatten Rücken ausgeführt.

-9-Ringe-Säbel (*jiu huan dao*)

Umgang und Techniken gleichen zu annähernd 100% denen des Standardsäbels. Lediglich das Führen direkt am Körper bei Blöcken wird durch die Ringe etwas eingeschränkt.

Laut den Überlieferungen durch verschiedene Meister sollen die Ringe, bzw. deren Gerassel der Unterscheidung von Freund und Feind im Kampfgeschehen gedient haben.
Tatsächlich verändern die flexiblen Ringe den Schwerpunkt des Säbels. Ist der Säbel erhoben, klappen die Ringe in Richtung des Handgelenkes.
Bei einem Schlag schwingen sie in Richtung Spitze und verschieben den Schwerpunkt entsprechend, wodurch die Schlagkraft erhöht wird.

9-Ringe-Säbel werden überwiegend in Südstilen verwendet.

-Zweihand- oder *Bagua*-Säbel (*miao dao, bagua dao*)

Shifu Andreas Moog, Kung Fu Unlingen

Im Unterschied zu den Säbeltechniken der äußeren Stile kommen beim *Bagua*-Säbel, als Waffe der inneren Stile, überwiegend sehr große, kreisende Bewegungen zum Einsatz.
Aufgrund seiner Größe und dem entsprechenden Gewicht wird dieser Säbel sowohl ein- als auch zweihändig geführt.

Die Klingenform und der Anteil von ein- und zweihändigen Techniken variieren in den verschiedenen Stilen.

-Weideblatt-Säbel *(yan mao dao, liu ye dao, taiji dao,)*

Bei diesen Säbelformen, die fälschlicherweise oft als *Taiji*-Säbel bezeichnet werden, handelt es sich um weitere Varianten des Säbels, die lange Zeit die gängigsten Säbeltypen in China waren und unter dem Einfluss mongolischer Säbel entstanden sind.
Wie bereits erwähnt, haben sich Grad der Krümmung und Klingenform immer wieder verändert.
Diese Form hatte in der Ming Dynastie das Schwert als militärische Waffe ersetzt.
Durch die nicht so starke Krümmung konnte dieser Säbel immer noch zum Stechen verwendet werden.
Der vordere Teil des Klingenrückens kann hier auch angeschliffen sei, d.h. im vorderen Bereich ist diese Waffe gelegentlich beidseitig geschliffen.

Bei entsprechenden Vorführungen sollte also darauf geachtet werden, dass mit dieser Waffe Hack- und Stichtechniken ausgeführt werden.

Ein direkter Zusammenhang zum *Taiji*, bzw. zu den inneren Stilen, ist nicht bekannt und daher eher fragwürdig.

Tigerhaken oder Hakenschwert (*gou*)

Shifu Antonio Sierra Gomez, Kung Fu Unlingen

Tigerhaken oder auch Hakenschwerter werden ausschließlich als Doppelwaffe geführt (*shuang gou*). Die Haken an den oberen Enden dienen in erster Linie dazu, die gegnerische Waffe einzuhaken und zu blockieren, um mit der zweiten Waffe den Gegner anzugreifen.

Tigerhaken sind außer im Griffbereich überall scharf und können daher niemals zum Blocken direkt am eigenen Körper genutzt werden.

Die Existenz als gängige Kriegswaffe ist historische nicht belegbar und sehr zweifelhaft.

Es handelt sich wahrscheinlich eher um eine spezielle Entwicklung zur Abwehr gegen den weit verbreiteten Speer, die wohl eher selten zur Anwendung gekommen ist.

Beim Wettkampf muss darauf geachtet werden, dass die Waffe keinen Kontakt mit dem eigenen Körper hat und es müssen sinnvolle Techniken, d.h. Einhaken einer imaginären Gegnerwaffe und gleichzeitiger Angriff gezeigt werden.

-Schmetterlingsmesser
(duan dao, hu die shuang dao, wu dip seung do)

Sifu Andreas Hoffmann, Weng Chung Bamberg

Die Schmetterlingsmesser gelten in Südchina mit zu den populärsten Waffen und sind daher in vielen südlichen *Gong Fu* Stilen vertreten.

Namensgebend ist die Ähnlichkeit zu den Flügeln eines Schmetterlings.
Auch in ihrer Handhabung spiegelt sich diese Ähnlichkeit wider, da die beiden Kurzschwerter oft in ihrer Führung eine Einheit bilden.
Im *Hung Kuen* werden sie daher auch als Kind-Mutter Doppelschwerter (*ji mo seung do*) bezeichnet. Das Kind folgt der Mutter.

Mit ihrer Klingenlänge von 30 - 40 cm sind sie primär für den Kampf auf kurze Distanzen geeignet.

Mit dieser Waffe ist es möglich, gleichzeitig abzuwehren und anzugreifen bzw. zu kontern, oder auch schnelle Schnitt- und Stichangriffe hintereinander auszuführen.

Da die Messer nur einseitig geschliffen sind, können sie, direkt und flach am Unterarm anliegend, eine Art Schild bilden, wodurch harte Schläge von anderen Waffen geblockt werden können.

-Sichel (*lian*)

Sifu Stefan Dieterle, Nam Wah Pai Karlsruhe

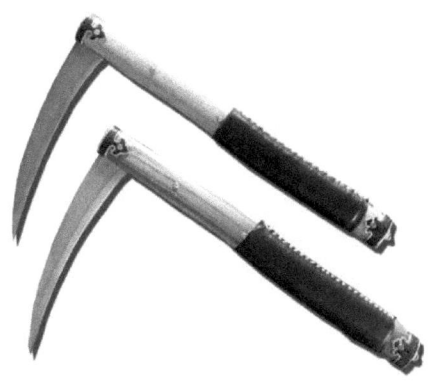

Sicheln sind typische Bauernwaffen.
Wer täglich dieses Werkzeug benutzte, konnte es natürlich auch als effektive Waffe gegen Überfälle einsetzen, da die Handgelenke schon entsprechend trainiert waren.

Hauptsächlich werden mit dieser Waffe Hackangriffe ausgeführt. Mit den rasiermesserscharfen Klingen lassen sich jedoch auch verheerende Schnittangriffe und Blöcke ausführen.
Meist werden Sicheln als Doppelwaffe geführt (*shuang lian*).

Gelegentlich wird auch eine einzelne Sichel verwendet, an deren Knauf mittels einer langen Kette ein Gewicht befestigt ist.

-Fächer (*shan zi*)

Fächer wurden im historischen China in verschiedenen Variationen fast von jedem benutzt.
Besonders höher gestellte Persönlichkeiten trugen regelmäßig Fächer. Es ist nachvollziehbar, dass sich hier auch Kampftechniken mit diesem Gerät des Alltags entwickelt haben.
Der Fächer wird hauptsächlich geschlossen für Schläge und im geöffneten Zustand für Stiche (mit den Streben) gegen empfindliche Punkte oder Schnitttechniken durch die Augen benutzt.

Die Fächerstreben sind aus Holz, Bambus und gelegentlich auch aus Metall. Manchmal sind diese Streben an den Enden angespitzt oder mit Klingen versehen und diese durch eine überstehende Zierkante verdeckt.

Fächer mit angespitzten Metallstreben

Selten soll es Fächer gegeben haben, deren Spitzen sogar vergiftet waren.
Gelegentlich werden Fächer auch als Doppelwaffe verwendet.

Bei traditionellen Wettkämpfen steht nur der sinnvolle Einsatz als anwendbare Waffe im Vordergrund. „Tänzerische" und rein akrobatische Aspekte (*hua fa*) gehen nicht in die Wertung mit ein. Schiedsrichter sollten sich hier nicht vom effektvollen „Knallen" des Fächers, dass beim Öffnen und Schließen des Fächers entsteht, ablenken lassen, sondern in erster Linie den effektiven Umgang mit dem Fächer als Waffe beurteilen.

-Schild (*dun pai, teng pai*)

Shifu Tim Otte, Wan Fu Hamburg

Im Gegensatz zu den europäischen Schilden, die schon früh aus Metall gefertigt wurden, bestanden die chinesischen Schilde meist aus Rotangrohr, Bambus- oder Rattangeflecht, welche oft mit Stoff überzogen und bemalt waren.
Daher war ihr Einsatz grundsätzlich nur gegen Schläge von stumpfen Waffen und zum Ableiten von Stichen scharfer Waffen geeignet.
Aufgrund der Elastizität des Materials konnten mit dem Schild alleine keine effektiven Angriffe ausgeführt werden.
Lediglich Stoßangriffe als Ablenkung vor dem Angriff mit der Primärwaffe sind sinnvoll.
Daher wird der Schild immer im Zusammenhang mit einem Säbel oder einer ähnlichen Kurzwaffe benutzt.

Häufig diente der Schild auch dazu, Art und Position der eigenen Waffe zu verbergen, um den Überraschungseffekt zu nutzen.

Besonders bei Partnervorführungen muss darauf geachtet werden, dass mit dem Schild aufgrund seiner Beschaffenheit keine Stiche von Klingenwaffen direkt (frontal) geblockt werden können.

-Kurzstock (*duan bang*)

Sifu Peter Sattler, Nam Wah Pai Kehlheim

Der Kurzstock ist in manchen Stilen eine der ersten Waffen, die unterrichtet wird.
Da mit dieser einfachen Waffe schon mit wenigen Grundübungen die eigene Verteidigungsfähigkeit erheblich gesteigert werden kann, ist er bestens geeignet, um die Fertigkeiten von Abwehr und der Distanzeinschätzung zum Gegner zu erlernen.

Im philippinischen *Eskrima* ist der Kampf mit Rattanstöcken z.B. ein wesentliches Grundelement der Ausbildung.
In Südchina ist der Kurzstock auch als „gebrochener Stock" - *duan gun* - bekannt. Hier ist er in der Regel kürzer und dafür stabiler.
Wie in den philippinischen Kampfkünsten wird der Kurzstock auch im *Gong Fu* gelegentlich als Doppelwaffe geführt.
Hier eignet er sich z.B. hervorragend, um ersten Anwendungen und Partnertechniken zu üben, da das Risiko von Verletzungen bei verminderter Schlagkraft relativ niedrig ist.
Die Techniken mit dem Kurzstock beinhalten sowohl Schlag-, als auch Stichtechniken.

Je nach Betonung bedeutet *duan* sowohl kurz (*duǎn*) als auch gebrochen (*duàn*).

-Spazierstock (*zhang*), Krücke (*guai gun*)

Jiaolian Florian Völkl, Nam Wah Pai Passau

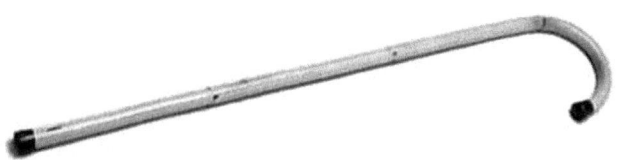

Dieser unscheinbare Gebrauchsgegenstand kann eine hohe Geschwindigkeit und Schlagkraft entwickeln.
Dabei wird er ähnlich wie ein *tonfa* (s. Seite 86) geschwungen.
Durch seine Bauweise können mit dem Spazierstock, neben Abwehrtechniken, Hebel-, Stich- und Schlagtechniken ausgeführt werden.
Zusätzlich können mit dem Griff als Haken Würgetechniken und Angriffe zu den Druckpunkten der Nervenbahnen ausgeführt werden.

Gelegentlich wird im traditionellen Gong Fu auch ein Regenschirm ähnlich genutzt.
Dabei besteht zusätzlich die Möglichkeit, den eigenen Körper abzudecken und den Angreifer zu verwirren.
Sollten ein oder mehrere Objekte auf den Schirmträger geworfen werden, kann der Schirm auch als Schild fungieren.

-Holzbank (*deng*)

Die einfache chinesische Holzbank wird in südlichen Stilen auch als Waffe verwendet.

Durch ihre stabile Bauweise kann sie sowohl zum Blocken, als auch für kraftvolle Schläge und Stöße eingesetzt werden.
Die scherenartigen Beine der Holzbank ermöglichen zudem effektive Hebeltechniken, mit denen Gliedmaßen leicht gebrochen werden können.

-Mondsichel- oder Entenschnabeldolch (*yue*)

Die Mondsichel- oder Entenschnabeldolche sollen ursprünglich dem *bagua quan* entstammen.

Bei diesem Stil bewegt man sich in kreisenden Bewegungen mit unvorhersehbaren Richtungswechseln um den Gegner. Diese kurzen Waffen, die sowohl zum Angriff als auch zur Verteidigung genutzt werden können, lassen sich perfekt in die fließenden Bewegungen des *bagua*-Stils integrieren.

Mit der Halbmondklinge können sowohl Schlag-, als auch kurze Schnittangriffe ausgeführt werden.
Die Entenschnäbel können zum Stechen, Hacken oder zum Reißen eingesetzt werden.
Mondsichel- oder Entenschnabeldolche werden ausschließlich als Doppelwaffe geführt (*shuang yue*).

Sonne-und-Mond-Ring (*riyue quan, ziwu xian*)

Sonne-Mond-Ringe (auch Wind-und-Feuer-Ringe, *feng huo lun*) sind Waffen, die überwiegend im inneren Stil *Xing Yi Quan* als Doppelwaffen geführt werden (*riyue shuang quan*).
Außen gleicht die Waffe der flammenden Sonne, im Inneren bildet sie einen Mond.
Bei diesen Waffen gibt es unterschiedliche Variationen, von schlichten Ringen bis hin zu solchen mit Flammen oder Spitzen.
Im Gegensatz zu den Entenschnabeldolchen sind die Bewegungen mit dieser Waffe oft größer und ausladender.

-Axt (*fu*)

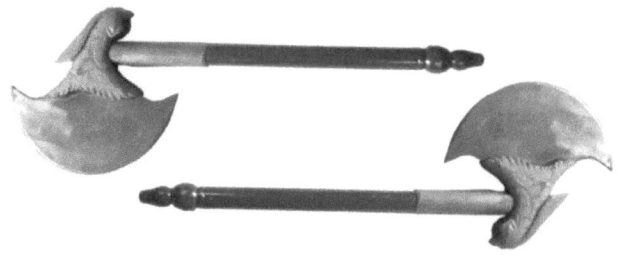

Äxte werden vorwiegend als Doppelwaffe (*shuang fu*) geführt. Dabei werden sie in der Regel direkt am Kopf der Waffe, d.h. unter den Klingen gegriffen. Die Bewegungen sind meist mächtige Hiebe.
Körperdrehungen mit Sprüngen verstärken hier die Techniken.
In Vorführungen sollten die Äxte ein entsprechendes Gewicht aufweisen.

Bei Äxten unterscheidet man solche mit einer Klinge (*dan pian*) oder mit zwei Klingen (*shuang pian*).

-Shaolin Hammer (*shaolin chui*)

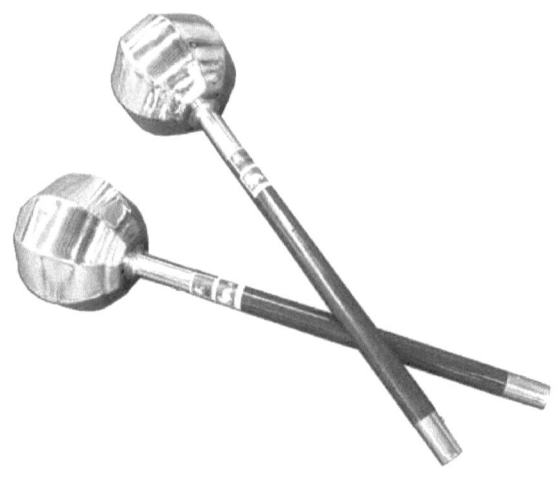

Beim Shaolin Hammer handelt es sich um die chinesische Version eines Streitkolbens, wie er im europäischen Raum aus dem Mittelalter bekannt ist.

Im Unterschied zum Streitkolben wird der Shaolin Hammer grundsätzlich als Doppelwaffe geführt (*shuang chui*) und mittig oder im unteren Drittel am Stiel gegriffen.
Als stumpfe, massige Schlagwaffe werden damit ausschließlich Stöße und Schläge ausgeführt.

4.1 Chinesische Schwerter

Im Gegensatz zum japanischen „Samurai Schwert", ist das chinesische Schwert gerade mit beidseitig geschliffener Klinge.

Seine Geschichte beginnt bereits 3000 v. Chr. mit einem kleinen Bronzemesser dessen Gestalt sich in Form und Material immer weiter verändert hat.
Bereits zur Zeit der streitenden Reiche (475-221 v. Chr.) gehörten relativ kurze, breite Schwerter zur Basisausstattung der Fußsoldaten. Später verloren sie jedoch im Militärbereich zugunsten des Säbels an Bedeutung.
Durch den Anstieg der Kavallerie innerhalb des Militärs erwies sich der Säbel, mit dem man hackend angreifen konnte, als bessere Wahl vom Rücken eines Pferdes.

Obwohl das Schwert nach der Han Zeit (25-220 n. Chr.) als Kriegswaffe nicht mehr von Bedeutung war, wurde es als Statussymbol, Schmuck und Waffe der Volkskampfkunst weiterverwendet.
Während der Tang Zeit (618 – 907 n. Chr.) war es üblich, dass ein Mann von Bildung sowohl Dichtkunst als auch Schwertkunst beherrsche.

Während der Tang und Song Dynasty (618 – 1279 n. Chr.) wurden in China große Fortschritte in der Metallverarbeitung gemacht. Diese Techniken zur Herstellung im Schichtverfahren und unterschiedlichem Aushärten bestimmter Klingenbereiche durch Aufbringen von Lehm während des Härtungsverfahrens gelangten in der Tang Zeit nach Japan. Dort bildeten sie die Grundlage für das berühmte japanische Schmiedeverfahren.

Ähnlich wie in der westlichen Mythologie, ist das Schwert fest in der chinesischen Mythologie verankert.

Während der Speer als „Kaiser" der Waffen bezeichnet wird, gilt das Schwert als „König" der chinesischen Waffen.

Schwerthaltung:

richtig **falsch**

Das Schwert wird immer direkt unter der Parierstange gehalten.
Hierdurch wird, neben einem sicheren Griff, auch die richtige Position der Klingen bei Schnitten gewährleistet und ein unbewusstes Verkanten der Klinge verhindert.

- „Einfaches" Schwert (*jian*)

Shifu Robin Saar, Yu Shui Dao, Germany

Das einfache Schwert, als typischen Einhänder, erkennt man in erster Linie am ca. handbreiten Griff.

Der Anteil von Stichangriffen und gezielten Schlägen gegen Arterien und Handgelenken überwiegt.

Da das Schwert in der heutigen, typischen schlanken Bauweise, nicht für harte Blöcke geeignet ist, wird das Schwert extrem schnell geführt und leitet gegnerische Angriffe eher ab, anstatt sie direkt zu blocken.

Man kann hier also eher von einer Fechtkunst sprechen, da die äußerst präzisen Angriffe und kleinen Schnitte oft eher einem chirurgischen Eingriff als den offensichtlichen Angriffen anderer Kurzwaffen gleichen.

In der Regel ist am Knauf des Schwertes ein Tassel angebracht.
Mit diesem Gegengewicht kann das Schwert ausbalanciert werden, da es seine beste Drehgeschwindigkeit aufweist, wenn der Schwerpunkt ca. 2 -3 cm oberhalb der Parierstange liegt.

Gelegentlich gibt es auf Schwertdemonstrationen mit einem Schwert und etwa gleichlangen Tassel.
Hierbei dient der Tassel als zusätzliche Ablenkung für den Gegner.

-*Tang Lang* Schwert, [1 ½-Händer] (*tanglang jian*)

Shifu Tim Otte, Wan Fu Hamburg

Das *Tang Lang* Schwert wird sowohl einhändig wie beidhändig geführt.
Als Mischform zwischen dem einfachen Schwert und dem Zweihänder beinhalten die Techniken sowohl kraftvolle Schläge als auch feine Schnitte. Typisch sind ableitende Blöcke, Konter aus der Kreisbewegung und „peitschende" Angriffe.

Tang Lang-Schwertformen beinhalten immer die stilspezifische Beinarbeit der Gottesanbeterinnen-*Gong Fu* Stile.

Weiterhin typisch ist die spezielle Griffweise bei manchen Angriffen zum Handgelenk oder zum Kopf.

-Zweihandschwert (*shuang shou jian*)

Zweihandschwerter sind in ihrer Bauweise größer und werden fast ausschließlich mit beiden Händen geführt.

Durch den weiten Griff und die massige Bauweise können mit dem Zweihandschwert auch kräftige Schläge ausgeführt werden.
Zusätzlich ist durch Materialstärke und die Griffweite, im Gegensatz zu leichteren Schwertern, auch ein direktes Blocken von Schlägen der gegnerischen Waffe möglich.
Aufgrund seiner Handhabung überwiegen beim Zweihandschwert die Schlagangriffe und es wird ähnlich dem japanischen *katana* geführt.
Durch die beidseitig geschliffene Klinge können auch Angriffe von unten nach oben ausgeführt werden, ohne die Waffe vorher zu drehen.

5. Flexible oder weiche Waffen (*ruan bing*)

Als flexible Waffen gelten solche, bei denen ein oder mehrere Teile durch Gelenke oder Schnüre verbunden sind und die durch Schwingen und Wirbeln hohe Kräfte beim Auftreffen bewirken.

Grundsätzlich treffen diese Merkmale auch für den Fächer zu.
Da diese Fächertechniken aber eher auf sehr kurze Distanz zum Einsatz kommen, gilt der Fächer als Kurzwaffe.
Ist z.B. eine Sichel am unteren Ende mit einer Kette versehen, gilt diese Variation einer Kurzwaffe als flexible Waffe.

Da der Anteil an flexiblen Waffen auf Turnieren oft eher gering ist, werden diese häufig in die entsprechenden Kategorien für Kurz- und Langwaffen verteilt:
San jie gun ▶ Langwaffen, *er jie gun* ▶ Kurzwaffen usw.

-Drei-Glieder-Stab (*san jie gun*)

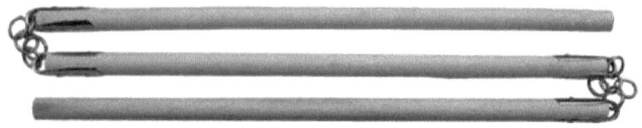

Diese Waffe ist eine Modifikation des Dreschflegels. Durch die zusätzlichen Ringe an den Gelenken entsteht das typische Rasseln bei den Bewegungen.

Der Drei-Glieder-Stab vereint durch seine Flexibilität sowohl die Reichweite einer Langwaffe sowie den effektiven Einsatz als Doppelwaffe im Nahbereich. Während mit dem Mittelteil Angriffe geblockt werden, können mit den beiden Enden nahezu gleichzeitig Angriffe ausgeführt werden.

Schleudernde, weite Angriffe und kurze Techniken, bei denen Teile des Drei-Glieder-Stabes immer wieder zum Blocken und Schutz des eigenen Körpers verwendet werden, wechseln sich ab.

Genau wie das Nunchaku, bzw. der kurze Dreschflegel, gehört der Drei-Glieder-Stab als Würgewaffe in Deutschland zu den verbotenen Gegenständen. D.h. der reine Besitz ist hier strafbar! Starts auf TKV-Turnieren sind mit diesen Waffen nicht erlaubt.

- Kurzer Dreschflegel (*er jie gun*) auch jap. *nunchaku*

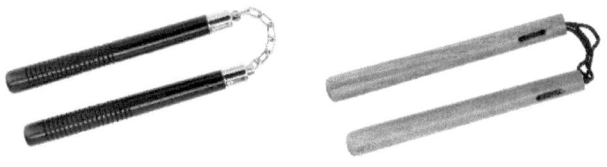

Bei der chinesischen Bauweise ist ursprünglich das eine Holz so lang wie der eigene Unterarm, das andere kürzer.
Meist wird aber heute die japanische Bauweise mit gleichlangen Hölzern verwendet.
Diese Waffe wird sowohl als Einzel- und auch als Doppelwaffe geführt. Genau wie der *san jie gun* ist sie aus dem Dreschflegel der Bauern entstanden.

Aus verschiedenen Drehungen werden schnelle, kraftvolle Schläge ausgeführt. Sollten die Hölzer mit einer Kette verbunden sein, kann diese auch durch Streckung beider Hölzer zum Blocken verwendet werden.

Bei traditionellen Turniervorführungen sollte darauf geachtet werden, dass die Drehungen für effektive Kampfdemonstrationen eingesetzt werden und nicht der reinen Jonglage dienen!

Verbot in Deutschland – s. Drei-Glieder-Stab

-**Langer Dreschflegel** (*shaozi gun, lian jia gun*)

Als traditionelles, landwirtschaftliches Gerät, welches auch in unserem Kulturkreis vertreten ist, ist diese Waffe in Deutschland nicht verboten.
In der Anwendung finden sich viele Stocktechniken, die zusätzlich durch mächtige Schläge mit dem eigentlichen „Drescher" verstärkt werden. Oft finden sich Techniken zu den Füßen und Unterschenkeln des Gegners, die an klassisches Dreschen von Korn erinnern.

Auch in der westlichen Waffenentwicklung waren die Vorteile einer Langwaffe mit beweglicher Keule am oberen Ende bekannt und es wurden entsprechende Waffen und Techniken entwickelt.

Neben dem eher bekannten Morgenstern gab es auch hier Abwandlungen des Dreschflegels.

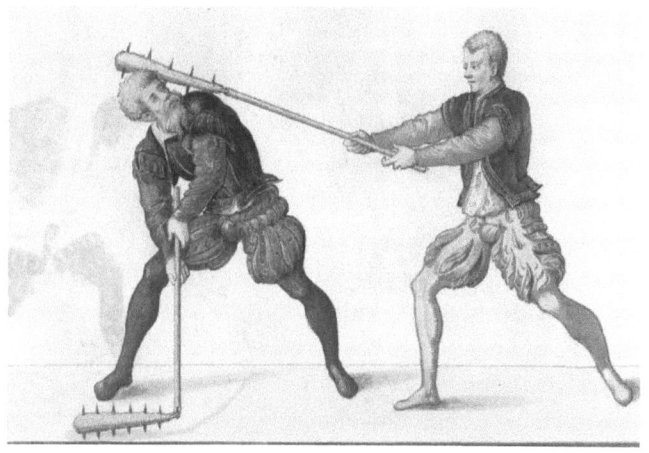

europäische Version des Dreschflegels

-Kettenpeitsche (jie *bian*)

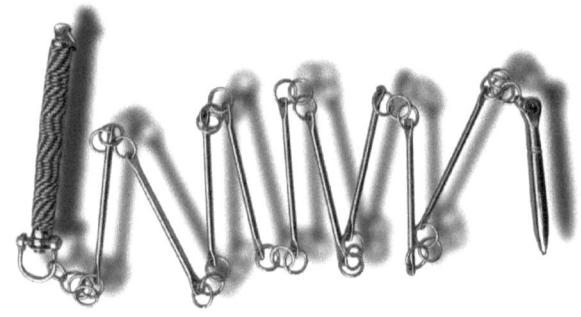

Kettenpeitschen existieren in verschiedenen Längen, mit unterschiedlicher Anzahl der Kettenglieder und unterschiedlichen Gewichten.
Häufig sind besonders bei leichten Ketten Tücher an den dornenartigen Enden montiert.
Neben einem effektvollen Rauschen, bremsen diese Tücher die Kette ab und machen ihre Handhabung bei Vorführungen leichter.
Laut Aussage von Shifu Zhang Wan Fu (3. Generation *Hao Jia Mei Hua Tang Lang Quan*) war die Kettenpeitsche in den unruhigen Zeiten der ersten Hälfte des 20. Jahrhundert in China *„eine beliebte Waffe, die heimlich am Körper gegen Räuber getragen werden konnte."*

Kettenpeitschen sind fast ausschließlich als Angriffswaffen zu sehen, da durch ihre Flexibilität nur wenige Blocktechniken möglich sind.

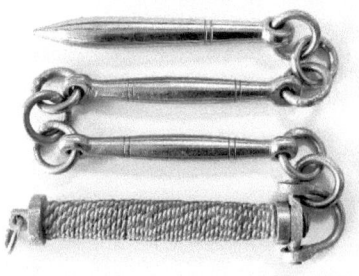

Kurze Kettenpeitsche

Gelegentlich wird bei langen Ketten aus den Kreisbewegungen über Fußgelenk, Knie oder Ellenbogen der Dorn in Richtung des Gegners „abgeschossen".
Zielsichere Angriffe dieser Art aus der Bewegung gehören mit zu den anspruchsvollsten Kettentechniken.
Kettenangriffe müssen unberechenbar sein und sollten daher häufig die Drehrichtung ändern.

Häufig lassen sich Schiedsrichter leider besonders bei Doppelkettendemonstrationen vom Rauschen der Tücher und wenigen, einfachen Techniken beeindrucken. Wichtiges Kriterium bei der Bewertung sollte daher neben sicherem Abstoppen und sicheren Richtungswechseln der Kette die Technikvielfalt sein.

-Kometball und Schnurpfeil
(*liu xing qui* bzw. *sheng biao, suo biao*)

Kometball (auch Meteor-Hammer) und Schnurpfeil ähneln in der Handhabung der Kettenpeitsche.
Da die Schnur jedoch länger und weitaus flexibler als eine Kette ist, können diese mehrfach um den Körper gewickelt werden. Hierdurch verändert sich einerseits die Reichweite, bzw. Distanz zum Gegner, andererseits können diese Wickelungen durch eine rasche Bewegung gelöst werden, wodurch der Komet oder Pfeil plötzlich in Richtung des Gegners schießt.

Kreisende Angriffe und das typische „Abschießen" von Angriffen wechseln sich hierbei ab.
Beim Kometball handelt es sich um ein ca. 1 kg schweres, stumpfes Gewicht.

Beim Schnurpfeil endet die Form in einer Spitze, identisch zum Ende einer Kettenpeitsche.

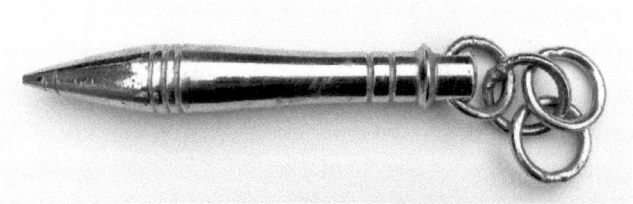

Das zielsichere „Abschießen" von Schnurfeil oder Kometball erfordert extrem viel Geschick und Übung.

Bei Kometball und Schnurpfeil handelt es sich, durch Bauweise und verwendetes Material, um reine Angriffswaffen!
Bei beiden Varianten ist am Ende eine Schlinge befestigt, die gegen den Verlust der Waffe um das Handgelenk gewickelt wird.

Bei Vorführungen mit Kometball oder Schnurpfeil sollte der Schwerpunkt auf schnellen Angriffen liegen, bei denen sich schleudernde und stechende Angriffe mit schnellen Richtungsänderungen abwechseln.

6. „Fremde Waffen"

Als „fremde Waffen" werden solche bezeichnet, die in anderen Kulturkreisen entwickelt wurden und als Beutewaffen oder Geschenke nach China gelangt sind.

Neben Waffen aus dem japanischen Raum, gibt es in manchen Stilen auch Waffen, die zum Beispiel von den Invasoren zur Zeit des Boxeraufstandes (1899-1901) oder aus der Zeit der Opiumkriege (1839-1842 und 1856-1860) stammen.

-Jap. Saigabel (*chai*)

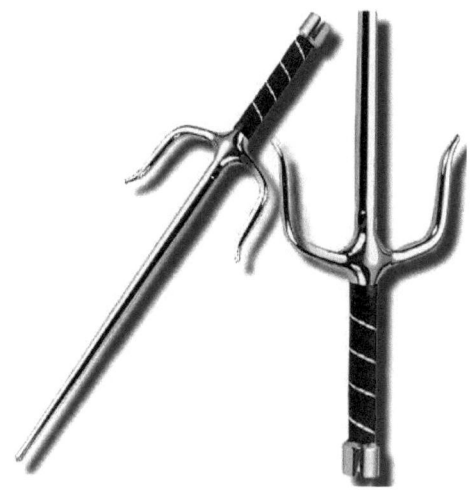

Die Sai Gabeln haben ihren Ursprung in Okinawa und sind als Beutewaffen in die chinesische Kampfkunst gelangt.
Sie werden meist paarweise geführt und können durch verschiedene Griffweisen geführt werden.
Neben Stich-, Schlag- und Blocktechniken können die Gabeln auch zum Fangen, Entwaffnen bis hin zum Zerbrechen einer gegnerischen Klinge genutzt werden.

-guai oder japanisch t*onfa*

Beim *tonfa* handelt es sich um den oberen Teil einer Gehhilfe/Krücke (*guai*).
Gelegentlich wird auch das Griffstück einer Sense als Ursprung angegeben.
Durch diese Waffe kann mit dem gesamten Unterarm geblockt werden. Hierdurch verteilt sich der Aufprall und selbst massige Angriffe können abgewehrt werden.
Durch Rotation bei geschlossener Faust wird das *guai* zum Angriff gelegentlich rotiert.
Neben Stoßangriffen mit der Spitze, wird die Waffe manchmal umgekehrt gegriffen und die Griffe zum Einhaken des Gegners verwendet.
Diese Waffen werden häufig als Doppelwaffe verwendet (*shuang guai*).

-japanisches *katana* (*wo dao*)

Sifu Alexander Sonnberger, Nam Wah Pai
Bernhardswald

Obwohl die Schmiedetechniken zur Herstellung japanischer Schwerter ihren Ursprung in China hatten, wurden diese in Japan weiter perfektioniert.

Japanische Klingen hatten daher einen hervorragenden und gefürchteten Ruf.

Nicht zuletzt durch unzählige Filme haben japanische Schwerter oft einen Ruf der Unzerstörbarkeit. Untersuchungen an echten historischen Schwertern unseres Mittelalters und direkte Vergleichstest haben jedoch ergeben, dass die westlichen Schwerter dem *katana* in vielen Bereichen überlegen gewesen wären.

In der chinesischen Kampfkunst sollten die Techniken stets den Prinzipien des Säbelkampfes mit den typischen Block- und Drehbewegungen entsprechen (s. auch *yan mao dao*, Seite 47).

Typische Vorführungen mit dem japanischen *katana,* im Stil des *ken-do*, gehören in den Bereich der japanischen Kampfkünste!

Beinhaltet die Vorführung mit dieser Waffe jedoch die typischen Bewegungen und Prinzipien eines chinesischen Stils, kann sie dort als Beutewaffe bewertet werden.

7. Japanisches *katana* oder chinesisches *jian*?

Oft wird die Frage gestellt, welche dieser Waffen denn besser sei.
Grundsätzlich ist jede Klinge erst einmal nur so gut wie die Person, die sie führt.
Um einen Gegner im Zweikampf zu besiegen, sind also in erster Linie Technik und Strategie die entscheidenden Faktoren.
Weiterhin muss man hier zwischen zwei unterschiedlichen Waffen und Einsatzbereichen unterscheiden.
Das *katana* als Säbel ist bestens für den Kampf gegen mehrere Gegner geeignet. Es ist stabil und kann sehr gut vom Pferd aus geführt werden.
Es ist durch seine Stabilität gut zum direkten Blocken anderer Waffen geeignet. Da es in erster Linie Hieb- und Schlagtechniken verwendet, benötigt es jedoch Platz zum Ausführen eines Angriffs.

Das chinesische *jian* in seiner heutigen Form ist eher eine Duellwaffe oder für die direkte Auseinandersetzung eins gegen eins gedacht.
Es verwendet schnelle Stiche und ableitende Techniken.
Durch seine leichtere Bauweise kann es kaum zum direkten Blocken von schweren Metallwaffen genutzt werden.
Seine Stichangriffe sind im Vergleich jedoch deutlich schneller.

Im Gegensatz zur Strategie des *katanas*, bei der es im besten Fall um ein Zerteilen des Gegners geht, arbeitet das *jian* eher mit „chirurgischen" Angriffen.
Herz, Gehirn, große Blutgefäße und Sehnen sind hier die strategischen Angriffsziele.

Wie anfänglich erwähnt, würde also im direkten Vergleich, neben der Anzahl der Gegner, das kämpferische Geschick über Sieg und Niederlage entscheiden.

8. Legende, Mythologie und Familienformen

In sämtlichen Kulturkreisen haben sich um einzelne Waffen und deren Träger unzählige Geschichten und Erzählungen gebildet.
In unserem näheren Kulturkreis zum Beispiel Excalibur, das Schwert des mythischen Königs Artus, oder Mjölnir, die magische Kriegshammer des Gottes Thor.
Nirgendwo ist der Umgang bzw. das Training mit traditionellen Waffen heute noch so lebendig und umfangreich, wie in der chinesischen Kampfkunst. Selbstverständlich haben sich auch hier das Aussehen einiger Waffen und die Geschichte ihrer glorifizierten Träger im Laufe der Zeit zu Legenden entwickelt.
Erschwerend kommt hinzu, dass diese Geschichten in der Regel meist über Generationen mündlich übermittelt wurden und es nur sehr wenige Aufzeichnungen gibt.
So findet man in manchen Stilrichtungen oft besondere Waffen, wie z. b. abgebrochene Schwerter oder Speere. Um diese zu bewerten, sollte einerseits die Geschichte hinter dieser Waffe bekannt sein.
Andererseits muss aber auch der effektive Umgang mit dieser Waffe gegeben sein und geklärt werden, ob diese existiert haben kann.
Ein gutes Beispiel ist hier die „fliegende Guillotine", aus einem Film der Shaw Brothers aus Hongkong von 1974.
  Auch wenn Herstellung und die annähernde Funktion

solch einer Waffe mit viel technischem Geschick vielleicht möglich gewesen sein könnte, entstammt sie der Phantasie der Filmemacher.

Einige Variationen heutiger *Gong Fu* Waffen können heute zumindest historisch nicht belegt werden.
Dies liegt teilweise daran, dass diese, nachdem sie im militärischen Bereich keine Verwendung mehr fanden, im zivilen Bereich zum Training und zur Selbstverteidigung verwendet wurden und hierzu häufig weiter modifiziert wurden.
Der Schaft des Speeres in der Kampfkunst wurde zum Beispiel weitaus kürzer als sein Vorbild aus der Kriegskunst, wodurch sein Technikrepertoire stark erweitert wurde.
Hier muss deutlich zwischen funktionellen Änderungen und Modifikationen für Showvorführungen unterschieden werden.
Während die Kürzung des Speerschaftes für sein Technikrepertoire verteidigungstechnisch Sinn ergibt, sind die modernen Säbel und Klingen mit ihren weichen Blechklingen nur zu Gunsten knallender Showeffekte entstanden.
Dementsprechend sind die Anforderungen an Waffen bei modernen und traditionellen Turnieren oft sehr unterschiedlich.

Ein weiterer Bestandteil, der sich gelegentlich in Vorführungen der südlichen Stile findet, sind die so genannten traditionellen Elemente.
Hierbei handelt es sich um Bewegungen, die weder dem Angriff noch der Verteidigung dienen.

Vielmehr geben sie Auskunft über die Herkunft der Waffe oder imitieren Tätigkeiten ihres ursprünglichen Trägers.

Typisch sind dabei im Zusammenhang mit dem *kwan dao* das Streichen des Barts (als typischen „Markenzeichen" von *Kwan Yu*), das Lesen eines imaginären Buches, Reitbewegungen oder das Schärfen der Klinge am Boden.

Im Vergleich mit reinen Anwendungsformen sind diese Elemente oft schwer zu bewerten und gehören eher in den Bereich reiner Vorführungen.

Auch im Bereich der „betrunkenen Techniken" werden das Trinken und der fortschreitende Rausch des Vorführenden oft eindrucksvoll dargestellt.

Auch in diesen Darbietungen sollte der Anteil der unberechenbaren Techniken im Verhältnis zu den traditionellen Elementen überwiegen.

Bei genauer Betrachtung wird offensichtlich, dass es im europäischen Raum zu allen chinesischen Waffen ein ähnliches, bis nahezu identisches Pedant gegeben hat.

Die Faszination der chinesischen Kampfkunst liegt daher nicht allein in der Vielfalt ihrer Waffen, sondern vielmehr in der Tatsache, dass der Umgang mit ihnen in der chinesischen Kultur erhalten wurde.

Quellennachweise:

-Die chinesische Kampfkunst – Spiegel und Element traditioneller chinesischer Kultur
Kai Filipiak, Leipziger Universitätsverlag
-Geschichte des Mittelalters
Verlag von Otto Spamer
-Kwan Dao
Leung Ting, Leung's Publications Hong Kong
-Ancient chinese weapons
Dr. Yang, Jwing-Ming
-Henker/Blutvogt/Carnifex – Der Scharfrichter in der deutschen Kulturgeschichte
Albrecht Keller, Verlag Kirchschlager
-Chinese Single Broadsword
Foreign Languages Press Beijing
- Zur Entwicklung des chinesischen Schwertes "Jian"
Stefan Day
-Weideblatt du Gänsefeder: Vergangenheit und Gegenwart des chinesischen Säbels
Felix Geefcke
-"Tigergabel und Schmetterlingsmesser"
Sifu Hagen Bluck
-Erklärungen zu Spazierstock, Kurzer Stock und Nunchakku
Sifu Andy Jobst
-mandarinmansion.com
-battlemerchant.com
-Wikipedia